Fünfzig Gedichte der Romantik

W0342852

Fünfzig Gedichte der Romantik

Ausgewählt von
Dietrich Bode

Philipp Reclam jun.
Stuttgart

Unschlagabbildung:
Caspar David Friedrich: Hünengrab am Meer
Feder und Pinsel in Sepia. 1806/07

Universal-Bibliothek Nr. 18108
Alle Rechte vorbehalten
© 2001 Philipp Reclam jun. GmbH & Co., Stuttgart
Gesamtherstellung: Reclam, Ditzingen. Printed in Germany 2001
RECLAM und UNIVERSAL-BIBLIOTHEK sind eingetragene Marken
der Philipp Reclam jun. GmbH & Co., Stuttgart
ISBN 3-15-018108-9

FRIEDRICH HÖLDERLIN

Die Nacht

Rings um ruhet die Stadt. Still wird die erleuchtete Gasse,
Und mit Fackeln geschmückt rauschen die Wagen hinweg.
Satt gehn heim, von Freuden des Tags zu ruhen, die Menschen,
Und den Gewinn und Verlust wäget ein sinniges Haupt
Wohlzufrieden zu Haus; leer steht von Trauben und Blumen,
Und von Werken der Hand ruht der geschäftige Markt.
Aber das Saitenspiel tönt fern aus Gärten; vielleicht, daß
Dort ein Liebendes spielt, oder ein einsamer Mann
Ferner Freunde gedenkt und der Jugendzeit; und die Brunnen
Immerquillend und frisch rauschen an duftendem Beet.
Still in dämmriger Luft ertönen geläutete Glocken,
Und der Stunden gedenk rufet ein Wächter die Zahl.
Jetzt auch kommet ein Wehn und regt die Gipfel des Hains auf,
Sieh! und das Ebenbild unserer Erde, der Mond
Kommet geheim nun auch, die schwärmerische, die Nacht kommt,
Voll mit Sternen, und wohl wenig bekümmert um uns
Glänzt die Erstaunende dort, die Fremdlingin unter den Menschen
Über Gebirganhöhn traurig und prächtig herauf.

Andenken

Der Nordost wehet,
Der liebste unter den Winden
Mir, weil er feurigen Geist
Und gute Fahrt verheißet den Schiffern.
Geh aber nun und grüße
Die schöne Garonne,
Und die Gärten von Bourdeaux
Dort, wo am scharfen Ufer
Hingehet der Steg und in den Strom
Tief fällt der Bach, darüber aber
Hinschauet ein edel Paar
Von Eichen und Silberpappeln;

Noch denket das mir wohl und wie
Die breiten Gipfel neiget
Der Ulmwald, über die Mühl',
Im Hofe aber wächset ein Feigenbaum.
An Feiertagen gehn
Die braunen Frauen daselbst
Auf seidnen Boden,
Zur Märzenzeit,
Wenn gleich ist Nacht und Tag,
Und über langsamen Stegen,
Von goldenen Träumen schwer,
Einwiegende Lüfte ziehen.

Es reiche aber,
Des dunkeln Lichtes voll,
Mir einer den duftenden Becher,
Damit ich ruhen möge; denn süß
Wär' unter Schatten der Schlummer.

Nicht ist es gut,
Seellos von sterblichen
Gedanken zu sein. Doch gut
Ist ein Gespräch und zu sagen
Des Herzens Meinung, zu hören viel
Von Tagen der Lieb,
Und Taten, welche geschehen.

Wo aber sind die Freunde? Bellarmin
Mit dem Gefährten? Mancher
Trägt Scheue, an die Quelle zu gehn;
Es beginnet nämlich der Reichtum
Im Meere. Sie,
Wie Maler, bringen zusammen
Das Schöne der Erd' und verschmähn
Den geflügelten Krieg nicht, und
Zu wohnen einsam, jahrlang, unter
Dem entlaubten Most, wo nicht die Nacht durchglänzen
Die Feiertage der Stadt,
Und Saitenspiel und eingeborener Tanz nicht.

Nun aber sind zu Indiern
Die Männer gegangen,
Dort an der lustigen Spitz'
An Traubenbergen, wo herab
Die Dordogne kommt,
Und zusammen mit der prächt'gen
Garonne meerbreit
Ausgehet der Strom. Es nehmet aber
Und gibt Gedächtnis die See,
Und die Lieb auch heftet fleißig die Augen,
Was bleibet aber, stiften die Dichter.

Die Rose

Es lockte schöne Wärme,
Mich an das Licht zu wagen,
Da brannten wilde Gluten:
Das muß ich ewig klagen.
Ich konnte lange blühen
In milden heitern Tagen;
Nun muß ich frühe welken,
Dem Leben schon entsagen.
Es kam die Morgenröte,
Da ließ ich alles Zagen,
Und öffnete die Knospe,
Wo alle Reize lagen.
Ich konnte freundlich duften,
Und meine Krone tragen,
Da ward zu heiß die Sonne,
Die muß ich drum verklagen.
Was soll der milde Abend?
Muß ich nun traurig fragen.
Er kann mich nicht mehr retten,
Die Schmerzen nicht verjagen.
Die Röte ist verblichen,
Bald wird mich Kälte nagen.
Mein kurzes junges Leben
Wollt' ich noch sterbend sagen.

FRIEDRICH VON HARDENBERG
(NOVALIS)

Hymnen an die Nacht

1

Welcher Lebendige, Sinnbegabte, liebt nicht vor allen Wundererscheinungen des verbreiteten Raums um ihn, das allerfreuliche Licht – mit seinen Farben, seinen Strahlen und Wogen; seiner milden Allgegenwart, als weckender Tag. Wie des Lebens innerste Seele atmet es der rastlosen Gestirne Riesenwelt, und schwimmt tanzend in seiner blauen Flut – atmet es der funkelnde, ewigruhende Stein, die sinnige, saugende Pflanze, und das wilde, brennende, vielgestaltete Tier – vor allen aber der herrliche Fremdling mit den sinnvollen Augen, dem schwebenden Gange, und den zartgeschlossenen, tonreichen Lippen. Wie ein König der irdischen Natur ruft es jede Kraft zu zahllosen Verwandlungen, knüpft und löst unendliche Bündnisse, hängt sein himmlisches Bild jedem irdischen Wesen um. – Seine Gegenwart allein offenbart die Wunderherrlichkeit der Reiche der Welt.

Abwärts wend ich mich zu der heiligen, unaussprechlichen, geheimnisvollen Nacht. Fernab liegt die Welt – in eine tiefe Gruft versenkt – wüst und einsam ist ihre Stelle. In den Saiten der Brust weht tiefe Wehmut. In Tautropfen will ich hinuntersinken und mit der Asche mich vermischen. – Fernen der Erinnerung, Wünsche der Jugend, der Kindheit Träume, des ganzen langen Lebens kurze Freuden und vergebliche Hoffnungen kommen in grauen Kleidern, wie Abendnebel nach der Sonne Untergang. In andern Räumen schlug die luftigen Gezelte das Licht auf. Sollte es nie zu seinen Kindern wiederkommen, die mit der Unschuld Glauben seiner harren?

Was quillt auf einmal so ahndungsvoll unterm Herzen, und verschluckt der Wehmut weiche Luft? Hast auch du ein Gefallen an uns, dunkle Nacht? Was hältst du unter deinem Mantel, das mir unsichtbar kräftig an die Seele geht? Köstlicher Balsam träuft aus deiner Hand, aus dem Bündel Mohn. Die schweren Flügel des Gemüts hebst du empor. Dunkel und unaussprechlich fühlen wir uns bewegt – ein ernstes Antlitz seh ich froh erschrocken, das sanft und andachtsvoll sich zu mir neigt, und unter unendlich verschlungenen Locken der Mutter liebe Jugend zeigt. Wie arm und kindisch dünkt mir das Licht nun – wie erfreulich und gesegnet des Tages Abschied – Also nur darum, weil die Nacht dir abwendig macht die Dienenden, säetest du in des Raumes Weiten die leuchtenden Kugeln, zu verkünden deine Allmacht – deine Wiederkehr – in den Zeiten deiner Entfernung. Himmlischer, als jene blitzenden Sterne, dünken uns die unendlichen Augen, die die Nacht in uns geöffnet. Weiter sehn sie, als die blässesten jener zahllosen Heere – unbedürftig des Lichts durchschaun sie die Tiefen eines liebenden Gemüts – was einen höhern Raum mit unsäglicher Wollust füllt. Preis der Weltkönigin, der hohen Verkündigerin heiliger Welten, der Pflegerin seliger Liebe – sie sendet mir dich – zarte Geliebte – liebliche Sonne der Nacht, – nun wach ich – denn ich bin Dein und Mein – du hast die Nacht mir zum Leben verkündet – mich zum Menschen gemacht – zehre mit Geisterglut meinen Leib, daß ich luftig mit dir inniger mich mische und dann ewig die Brautnacht währt.

2

Muß immer der Morgen wiederkommen? Endet nie des Irdischen Gewalt? unselige Geschäftigkeit verzehrt den himmlischen Anflug der Nacht. Wird nie der Liebe geheimes Opfer ewig brennen? Zugemessen ward dem Lichte seine Zeit; aber zeitlos und raumlos ist der Nacht Herrschaft. – Ewig ist die Dauer des Schlafs. Heiliger Schlaf – beglücke zu selten nicht der Nacht Geweihte in diesem irdischen Tagewerk. Nur die Toren verkennen dich und wissen von keinem Schlafe, als dem Schatten, den du in jener Dämmerung der wahrhaften Nacht mitleidig auf uns wirfst. Sie fühlen dich nicht in der goldnen Flut der Trauben – in des Mandelbaums Wunderöl, und dem braunen Safte des Mohns. Sie wissen nicht, daß du es bist der des zarten Mädchens Busen umschwebt und zum Himmel den Schoß macht – ahnden nicht, daß aus alten Geschichten du himmelöffnend entgegentrittst und den Schlüssel trägst zu den Wohnungen der Seligen, unendlicher Geheimnisse schweigender Bote.

3

Einst da ich bittre Tränen vergoß, da in Schmerz aufgelöst meine Hoffnung zerrann, und ich einsam stand am dürren Hügel, der in engen, dunkeln Raum die Gestalt meines Lebens barg – einsam, wie noch kein Einsamer war, von unsäglicher Angst getrieben – kraftlos, nur ein Gedanken des Elends noch. – Wie ich da nach Hülfe umherschaute, vorwärts nicht konnte und rückwärts nicht, und am fliehenden, verlöschten Leben mit unendlicher Sehnsucht hing: – da kam aus blauen Fernen – von den Höhen meiner alten Seligkeit ein Dämmerungsschauer –

und mit einemmale riß das Band der Geburt – des Lichtes Fessel. Hin floh die irdische Herrlichkeit und meine Trauer mit ihr – zusammen floß die Wehmut in eine neue, unergründliche Welt – du Nachtbegeisterung, Schlummer des Himmels kamst über mich – die Gegend hob sich sacht empor; über der Gegend schwebte mein entbundner, neugeborner Geist. Zur Staubwolke wurde der Hügel – durch die Wolke sah ich die verklärten Züge der Geliebten. In ihren Augen ruhte die Ewigkeit – ich faßte ihre Hände, und die Tränen wurden ein funkelndes, unzerreißliches Band. Jahrtausende zogen abwärts in die Ferne, wie Ungewitter. An *ihrem* Halse weint' ich dem neuen Leben entzückende Tränen. – Es war der erste, einzige Traum – und erst seitdem fühl ich ewigen, unwandelbaren Glauben an den Himmel der Nacht und sein Licht, die Geliebte.

Fern in Osten wird es helle,
Graue Zeiten werden jung;
Aus der lichten Farbenquelle,
Einen langen tiefen Trunk!
Alter Sehnsucht heilige Gewährung,
Süße Lieb in göttlicher Verklärung.

Endlich kommt zur Erde nieder
Aller Himmel sel'ges Kind,
Schaffend im Gesang weht wieder
Um die Erde Lebenswind,
Weht zu neuen ewig lichten Flammen
Längst verstiebte Funken hier zusammen.

Überall entspringt aus Grüften
Neues Leben, neues Blut,
Ew'gen Frieden uns zu stiften,
Taucht er in die Lebensflut;
Steht mit vollen Händen in der Mitte
Liebevoll gewärtig jeder Bitte.

Lasse seine milden Blicke
Tief in deine Seele gehn,
Und von seinem ew'gen Glücke
Sollst du dich ergriffen sehn.
Alle Herzen, Geister und die Sinnen
Werden einen neuen Tanz beginnen.

Greife dreist nach seinen Händen,
Präge dir sein Antlitz ein,
Mußt dich immer nach ihm wenden,
Blüte nach dem Sonnenschein;

Wirst du nur das ganze Herz ihm zeigen,
Bleibt er wie ein treues Weib dir eigen.

Unser ist sie nun geworden,
Gottheit, die uns oft erschreckt,
Hat im Süden und im Norden
Himmelskeime rasch geweckt,
Und so laßt im vollen Gottesgarten
Treu uns jede Knosp' und Blüte warten.

Wenn nicht mehr Zahlen und Figuren
Sind Schlüssel aller Kreaturen,
Wenn die, so singen oder küssen,
Mehr als die Tiefgelehrten wissen,
Wenn sich die Welt ins freie Leben,
Und in die Welt wird zurück begeben,
Wenn dann sich wieder Licht und Schatten
Zu echter Klarheit werden gatten,
Und man in Märchen und Gedichten
Erkennt die ew'gen Weltgeschichten,
Dann fliegt vor *einem* geheimen Wort
Das ganze verkehrte Wesen fort.

Melankolie

Schwarz war die Nacht und dunkle Sterne brannten
Durch Wolkenschleier matt und bleich,
Die Flur durchstrich das Geisterreich,
Als feindlich sich die Parzen abwärts wandten,
Und zorn'ge Götter mich ins Leben sandten.

Die Eule sang mir grause Wiegenlieder
Und schrie mir durch die stille Ruh
Ein gräßliches: Willkommen! zu.
Der bleiche Gram und Jammer sanken nieder
Und grüßten mich als längst gekannte Brüder.

Da sprach der Gram in banger Geisterstunde:
Du bist zu Qualen eingeweiht,
Ein Ziel des Schicksals Grausamkeit,
Die Bogen sind gespannt und jede Stunde
Schlägt grausam dir stets neue blut'ge Wunde.

Dich werden alle Menschenfreuden fliehen,
Dich spricht kein Wesen freundlich an,
Du gehst die wüste Felsenbahn,
Wo Klippen drohn, wo keine Blumen blühen,
Der Sonne Strahlen heiß und heißer glühen.

Die Liebe, die der Schöpfung All durchklingt,
Der Schirm in Jammer und in Leiden,
Die Blüte aller Menschenfreuden,
Die unser Herz zum höchsten Himmel schwingt,
Wo Durst aus sel'gem Born Erquicken trinkt,

Die Liebe sei auf ewig dir versagt.
Das Tor ist hinter dir geschlossen,
Auf der Verzweiflung wilden Rossen
Wirst du durchs öde Leben hingejagt,
Wo keine Freude dir zu folgen wagt.

Dann sinkst du in die ew'ge Nacht zurück,
Sieh tausend Elend' auf dich zielen,
Im Schmerz dein Dasein nur zu fühlen!
Ja erst im ausgelöschten Todesblick
Begrüßt voll Mitleid dich das erste Glück. –

Arion

Arion schifft auf Meereswogen
Nach seiner teuren Heimat zu,
Er wird vom Winde fortgezogen
Die See in stiller, sanfter Ruh.

Die Schiffer stehn von fern und flüstern,
Der Dichter sieht ins Morgenrot,
Nach seinen goldnen Schätzen lüstern
Beschließen sie des Sängers Tod.

Arion merkt die stille Tücke,
Er bietet ihnen all sein Gold,
Er klagt und seufzt, daß seinem Glücke
Das Schicksal nicht wie vordem hold. –

Sie aber haben es beschlossen,
Nur Tod gibt ihnen Sicherheit,
Hinab ins Meer wird er gestoßen,
Schon sind sie mit dem Schiffe weit.

Er hat die Leier nur gerettet,
Sie schwebt in seiner schönen Hand,
In Meeresfluten hingebettet
Ist Freude von ihm abgewandt.

Doch greift er in die goldnen Saiten
Daß laut die Wölbung widerklingt,
Statt mit den Wogen wild zu streiten
Er sanft die zarten Töne singt:

Klinge Saitenspiel,
In der Flut
Wächst mein Mut,
Sterb ich gleich, verfehl ich nicht mein Ziel.

Unverdrossen
Komm ich, Tod,
Dein Gebot
Schreckt' mich nicht, mein Leben ward genossen.

Welle hebt
Mich im Schimmer,
Bald den Schwimmer
Sie in tiefer, nasser Flut begräbt.

So klang das Lied durch alle Tiefen,
Die Wogen wurden sanft bewegt,
In Abgrunds Schlüften, wo sie schliefen,
Die Seegetiere aufgeregt.

Aus allen Tiefen blaue Wunder,
Die hüpfend um den Sänger ziehn,
Die Meeresfläche weit hinunter
Beschwimmen die Tritonen grün.

Die Wellen tanzen, Fische springen,
Seit Venus aus den Fluten kam,
Man dieses Jauchzen, Wonneklingen
In Meeresvesten nicht vernahm.

Arion sieht mit trunknen Blicken
Lautsingend in das Seegewühl,
Er fährt auf eines Delphins Rücken,
Schlägt lächelnd in sein Saitenspiel.

Der Fisch, zu Diensten ihm gezwungen,
Naht schon mit ihm der Felsenbank,
Arion hat den Fels errungen
Und singt dem Fährmann seinen Dank.

Am Ufer kniet er, dankt den Göttern,
Daß er entrann dem nassen Tod.
Der Sänger triumphiert in Wettern,
Ihn rührt Gefahr nicht an und Tod.

Wunder der Liebe

Glosse

Mondbeglänzte Zaubernacht,
Die den Sinn gefangen hält,
Wundervolle Märchenwelt,
Steig auf in der alten Pracht!

Liebe läßt sich suchen, finden,
Niemals lernen, oder lehren,
Wer da will die Flamm' entzünden
Ohne selbst sich zu verzehren,
Muß sich reinigen der Sünden.
Alles schläft, weil er noch wacht,
Wann der Stern der Liebe lacht,
Goldne Augen auf ihn blicken,
Schaut er trunken von Entzücken
Mondbeglänzte Zaubernacht.

Aber nie darf er erschrecken,
Wenn sich Wolken dunkel jagen,
Finsternis die Sterne decken,
Kaum der Mond es noch will wagen,
Einen Schimmer zu erwecken.
Ewig steht der Liebe Zelt,
Von dem eignen Licht erhellt,
Aber Mut nur kann zerbrechen,
Was die Furcht will ewig schwächen,
Die den Sinn gefangen hält.

Keiner Liebe hat gefunden,
Dem ein trüber Ernst beschieden,

Flüchtig sind die goldnen Stunden,
Welche immer den vermieden,
Den die bleiche Sorg' umwunden:
Wer die Schlange an sich hält,
Dem ist Schatten vorgestellt,
Alles was die Dichter sangen,
Nennt der Arme, eingefangen,
Wundervolle Märchenwelt.

Herz im Glauben auferblühend
Fühlt alsbald die goldnen Scheine,
Die es lieblich in sich ziehend
Macht zu eigen sich und seine,
In der schönsten Flamme glühend,
Ist das Opfer angefacht,
Wird's dem Himmel dargebracht,
Hat dich Liebe angenommen,
Auf dem Altar hell entglommen
Steig auf in der alten Pracht.

FRIEDRICH DE LA MOTTE FOUQUÉ

Mutter geht durch ihre Kammern
Räumt die Schränke ein und aus,
Sucht, und weiß nicht was, mit Jammern,
Findet nichts, als leeres Haus.

Leeres Haus! O Wort der Klage,
Dem, der einst ein holdes Kind
Drin gegängelt hat am Tage,
Drin gewiegt in Nächten lind.

Wieder grünen wohl die Buchen,
Wieder kommt der Sonne Licht,
Aber, Mutter, laß Dein Suchen,
Wieder kommt Dein Liebes nicht.

Und wenn Abendlüfte fächeln,
Vater heim zum Herde kehrt,
Regt sich's fast in ihm, wie Lächeln
Dran doch gleich die Träne zehrt.

Vater weiß, in seinen Zimmern
Findet er die Todesruh,
Hört nur bleicher Mutter Wimmern,
Und kein Kindlein lacht ihm zu.

Von den Mauern Widerklang –
Ach! – im Herzen frägt es bang:
Ist es ihre Stimme;
Und vergebens sucht mein Blick
Kehret mir ein Ton zurück? –
Ist's nur meine Stimme? –

Auf der Mauern höherm Rand
Sind die Blicke hingebannt,
Doch ich seh nur Sterne;
Und in hoher Himmelssee
Ich die Sterne küssen seh,
Wären's unsre Sterne.

Nacht ist voller Lug und Trug,
Nimmer sehen wir genug
In den schwarzen Augen;
Heiß ist Liebe, Nacht ist kühl,
Ach ich seh ihr viel zu viel
In die schwarzen Augen.

Sonne wollt' nicht untergehn,
Blieb am Berg neugierig stehn;
Kam die Nacht gegangen,
Stille Nacht in deinem Schoß
Liegt der Menschen höchstes Los,
Mütterlich umfangen.

Zu Bacharach am Rheine
Wohnt eine Zauberin,
Sie war so schön und feine
Und riß viel Herzen hin.

Und brachte viel zuschanden
Der Männer rings umher,
Aus ihren Liebesbanden
War keine Rettung mehr.

Der Bischof ließ sie laden
Vor geistliche Gewalt –
Und mußte sie begnaden,
So schön war ihr Gestalt.

Er sprach zu ihr gerühret:
»Du arme Lore Lay!
Wer hat dich denn verführet
Zu böser Zauberei?«

»Herr Bischof laßt mich sterben,
Ich bin des Lebens müd,
Weil jeder muß verderben,
Der meine Augen sieht.

Die Augen sind zwei Flammen,
Mein Arm ein Zauberstab –
O legt mich in die Flammen!
O brechet mir den Stab!«

»Ich kann dich nicht verdammen,
Bis du mir erst bekennt,
Warum in diesen Flammen
Mein eigen Herz schon brennt.

Den Stab kann ich nicht brechen,
Du schöne Lore Lay!
Ich müßte dann zerbrechen
Mein eigen Herz entzwei.«

»Herr Bischof mit mir Armen
Treibt nicht so bösen Spott,
Und bittet um Erbarmen,
Für mich den lieben Gott.

Ich darf nicht länger leben,
Ich liebe keinen mehr –
Den Tod sollt Ihr mir geben,
Drum kam ich zu Euch her. –

Mein Schatz hat mich betrogen,
Hat sich von mir gewandt,
Ist fort von hier gezogen,
Fort in ein fremdes Land.

Die Augen sanft und wilde,
Die Wangen rot und weiß,
Die Worte still und milde
Das ist mein Zauberkreis.

Ich selbst muß drin verderben,
Das Herz tut mir so weh,
Vor Schmerzen möcht ich sterben,
Wenn ich mein Bildnis seh.

Drum laßt mein Recht mich finden,
Mich sterben, wie ein Christ,
Denn alles muß verschwinden,
Weil er nicht bei mir ist.«

Drei Ritter läßt er holen:
»Bringt sie ins Kloster hin,
Geh Lore! – Gott befohlen
Sei dein berückter Sinn.

Du sollst ein Nönnchen werden,
Ein Nönnchen schwarz und weiß,
Bereite dich auf Erden
Zu deines Todes Reis'.«

Zum Kloster sie nun ritten,
Die Ritter alle drei,
Und traurig in der Mitten
Die schöne Lore Lay.

»O Ritter laßt mich gehen,
Auf diesen Felsen groß,
Ich will noch einmal sehen
Nach meines Lieben Schloß.

Ich will noch einmal sehen
Wohl in den tiefen Rhein,
Und dann ins Kloster gehen
Und Gottes Jungfrau sein.«

Der Felsen ist so jähe,
So steil ist seine Wand,
Doch klimmt sie in die Höhe,
Bis daß sie oben stand.

Es binden die drei Ritter,
Die Rosse unten an,
Und klettern immer weiter,
Zum Felsen auch hinan.

Die Jungfrau sprach: »Da gehet
Ein Schifflein auf dem Rhein,
Der in dem Schifflein stehet,
Der soll mein Liebster sein.

Mein Herz wird mir so munter,
Er muß mein Liebster sein! –«
Da lehnt sie sich hinunter
Und stürzet in den Rhein.

Die Ritter mußten sterben,
Sie konnten nicht hinab,
Sie mußten all verderben,
Ohn' Priester und ohn' Grab.

Wer hat dies Lied gesungen?
Ein Schiffer auf dem Rhein,
Und immer hat's geklungen
Von dem drei Ritterstein:*

Lore Lay
Lore Lay
Lore Lay

Als wären es meiner drei.

* Bei Bacharach steht dieser Felsen, Lore Lay genannt, alle vorbeifahrende Schiffer rufen ihn an, und freuen sich des vielfachen Echos.

Der Spinnerin Nachtlied

Es sang vor langen Jahren
Wohl auch die Nachtigall,
Das war wohl süßer Schall,
Da wir zusammen waren.

Ich sing und kann nicht weinen,
Und spinne so allein
Den Faden klar und rein
So lang der Mond wird scheinen.

Als wir zusammen waren
Da sang die Nachtigall
Nun mahnet mich ihr Schall
Daß du von mir gefahren.

So oft der Mond mag scheinen,
Denk ich wohl dein allein,
Mein Herz ist klar und rein,
Gott wolle uns vereinen.

Seit du von mir gefahren,
Singt stets die Nachtigall,
Ich denk bei ihrem Schall,
Wie wir zusammen waren.

Gott wolle uns vereinen
Hier spinn ich so allein,
Der Mond scheint klar und rein,
Ich sing und möchte weinen.

Fabiola

Hör, es klagt die Flöte wieder,
Und die kühlen Brunnen rauschen.

Piast

Golden wehn die Töne nieder,
Stille, stille, laß uns lauschen!

Fabiola

Holdes Bitten, mild Verlangen,
Wie es süß zum Herzen spricht!

Piast

Durch die Nacht, die mich umfangen,
Blickt zu mir der Töne Licht.

Über eine Skizze

Verzweiflung an der Liebe in der Liebe

In Liebeskampf? In Todeskampf gesunken?
Ob Atem noch von ihren Lippen fließt?
Ob ihr der Krampf den kleinen Mund verschließt?
Kein Öl die Lampe? oder keinen Funken?

Der Jüngling – betend? tot? in Liebe trunken?
Ob er der Jungfrau höchste Gunst genießt?
Was ist's, das der gefallne Becher gießt?
Hat Gift, hat Wein, hat Balsam sie getrunken.

Des Jünglings Arme, Engelsflügel werden –
Nein Mantelsfalten – Leichentuches Falten.
Um sie strahlt Heil'genschein – zerraufte Haare.

Strahl Himmelslicht, flamm Hölle zu der Erde
Brich der Verzweiflung rasende Gewalten,
Enthüll – verhüll – das Freudenbett – die Bahre.

Die Gottesmauer

Drauß vor Schleswig an der Pforte
Wohnen armer Leute viel.
Ach! des Feindes wilder Horde
Werden sie das erste Ziel.
Waffenstillstand ist gekündet;
Dänen ziehen aus zur Nacht;
Russen, Schweden sind verbündet,
Brechen ein mit wilder Macht.

Drauß vor Schleswig, weit vor allen
Liegt ein Hüttlein ausgesetzt.

Drauß vor Schleswig in der Hütte
Singt ein frommes Mütterlein:
»Herr, in deinen Schoß ich schütte
Alle meine Sorg' und Pein!«
Doch ihr Enkel, ohn' Vertrauen,
Zwanzigjährig, neuster Zeit,
Hat, den Bräutigam zu schauen,
Seine Lampe nicht bereit.

Drauß vor Schleswig in der Hütte
Singt das fromme Mütterlein.

»Eine Mauer um uns baue!«
Singt das fromme Mütterlein:
»Daß dem Feinde vor uns graue,
Nimm in deine Burg uns ein!«
»Mutter, spricht der Weltgesinnte,
Eine Mauer uns ums Haus

Kriegt fürwahr nicht so geschwinde
Euer lieber Gott heraus!«

»Eine Mauer um uns baue!«
Singt das fromme Mütterlein.

»Enkel, fest ist mein Vertrauen,
Wenn's dem lieben Gott gefällt,
Kann Er uns die Mauer bauen,
Was Er will, ist wohl bestellt.«
Trommeln rumdidum rings prasseln;
Die Trompeten schmettern drein;
Rosse wiehern, Wagen rasseln;
Ach, nun bricht der Feind herein!

»Eine Mauer um uns baue!«
Singt das fromme Mütterlein.

Rings in alle Hütten brechen
Schwed' und Russe mit Geschrei,
Fluchen, lärmen, toben, zechen,
Doch dies Haus gehn sie vorbei.
Und der Enkel spricht in Sorgen:
»Mutter, uns verrät das Lied!«
Aber sieh! das Heer von Morgen
Bis zur Nacht vorüber zieht.

»Eine Mauer um uns baue!«
Singt das fromme Mütterlein.

Und am Abend tobt der Winter,
Um die Fenster stürmt der Nord.

»Schließt die Laden, liebe Kinder!«
Spricht die Alte, und singt fort.
Aber mit den Flocken fliegen
Nur Kosakenpulke ran;
Rings in allen Hütten liegen
Sechszig, auch wohl achtzig Mann.

»Eine Mauer um uns baue!«
Singt das fromme Mütterlein.

»Eine Mauer um uns baue!«
Singt sie fort die ganze Nacht.
Morgens wird es still: »O schaue,
Enkel, was der Nachbar macht!«
Auf nach innen geht die Türe;
Nimmer käm' er sonst heraus:
Daß er Gottes Allmacht spüre,
Liegt der Schnee wohl haushoch drauß.

»Eine Mauer um uns baue!«
Sang das fromme Mütterlein.

»Ja! der Herr kann Mauern bauen!
Liebe, gute Mutter, komm,
Gottes Wunder anzuschauen!«
Spricht der Enkel und ward fromm.
Achtzehnhundertvierzehn war es,
Als der Herr die Mauer baut';
In der fünften Nacht des Jahres
Hat's dem Feind davor gegraut.

»Eine Mauer um uns baue!«
Sang das fromme Mütterlein.

Wenn der lahme Weber träumt, er webe,
Träumt die kranke Lerche auch, sie schwebe,
Träumt die stumme Nachtigall, sie singe,
Daß das Herz des Widerhalls zerspringe,
Träumt das blinde Huhn, es zähl' die Kerne,
Und der drei je zählte kaum, die Sterne,
Träumt das starre Erz, gar linde tau' es,
Und das Eisenherz, ein Kind vertrau' es,
Träumt die taube Nüchternheit, sie lausche,
Wie der Traube Schüchternheit berausche;
Kömmt dann Wahrheit mutternackt gelaufen,
Führt der hellen Töne Glanzgefunkel
Und der grellen Lichter Tanz durchs Dunkel,
Rennt den Traum sie schmerzlich übern Haufen,
Horch! die Fackel lacht, horch! Schmerz-Schalmeien
Der erwachten Nacht ins Herz all schreien;
Weh, ohn' Opfer gehn die süßen Wunder,
Gehn die armen Herzen einsam unter!

Was reif in diesen Zeilen steht,
Was lächelnd winkt und sinnend fleht,
Das soll kein Kind betrüben,
Die Einfalt hat es ausgesäet,
Die Schwermut hat hindurch geweht,
Die Sehnsucht hat's getrieben;
Und ist das Feld einst abgemäht,
Die Armut durch die Stoppeln geht,
Sucht Ähren, die geblieben,
Sucht Lieb, die für sie untergeht,
Sucht Lieb, die mit ihr aufersteht,
Sucht Lieb, die sie kann lieben,
Und hat sie einsam und verschmäht
Die Nacht durch dankend in Gebet
Die Körner ausgerieben,
Liest sie, als früh der Hahn gekräht,
Was Lieb erhielt, was Leid verweht,
Ans Feldkreuz angeschrieben,
O Stern und Blume, Geist und Kleid,
Lieb, Leid und Zeit und Ewigkeit!

Der Kuß im Traume

aus einem ungedruckten Romane

Es hat ein Kuß mir Leben eingehaucht,
Gestillet meines Busens tiefstes Schmachten,
Komm, Dunkelheit! mich traulich zu umnachten,
Daß neue Wonne meine Lippe saugt.

In Träume war solch Leben eingetaucht,
Drum leb ich, ewig Träume zu betrachten,
Kann aller andern Freuden Glanz verachten,
Weil nur die Nacht so süßen Balsam haucht.

Der Tag ist karg an liebesüßen Wonnen,
Es schmerzt mich seines Lichtes eitles Prangen
Und mich verzehren seiner Sonne Gluten.
Drum birg dich Aug dem Glanze ird'scher Sonnen!
Hüll dich in Nacht, sie stillet dein Verlangen
Und heilt den Schmerz, wie Lethes kühle Fluten.

HELMINA VON CHÉZY

Ach, wie wär's möglich dann,
Daß ich dich lassen kann!
Hab dich so herzlich lieb,
Das glaube mir!
Du hast das Herze mein
Ganz mir genommen ein,
Daß ich kein andre lieb,
Als dich allein!

Blau blüht ein Blümelein,
Das heißt Vergiß nicht mein,
Das Blümlein leg ans Herz,
Und denk an mich!
Stirbt Blum' und Hoffnung gleich,
Wir sind an Liebe reich,
Denn die stirbt nicht bei mir,
Das glaube mir!

Wär' ich ein Vögelein,
Bald wollt' ich bei dir sein,
Scheut' Falk' und Habicht nicht,
Flög' schnell zu dir.
Schöss' mich ein Jäger tot,
Fiel' ich in deinen Schoß,
Sähst du mich traurig an,
Gern stürb' ich dann!

MAX VON SCHENKENDORF

Freiheit

Freiheit, die ich meine,
Die mein Herz erfüllt,
Komm mit deinem Scheine,
Süßes Engelbild.

Magst du nie dich zeigen
Der bedrängten Welt?
Führest deinen Reigen
Nur am Sternenzelt?

Auch bei grünen Bäumen
In dem lust'gen Wald
Unter Blütenträumen,
Ist dein Aufenthalt.

Ach! das ist ein Leben,
Wenn es weht und klingt,
Wenn dein stilles Weben
Wonnig uns durchdringt.

Wenn die Blätter rauschen
Süßen Freundesgruß,
Wenn wir Blicke tauschen,
Liebeswort und Kuß.

Aber immer weiter
Nimmt das Herz den Lauf,

Auf der Himmelsleiter
Steigt die Sehnsucht auf.

Aus den stillen Kreisen
Kommt mein Hirtenkind,
Will der Welt beweisen,
Was es denkt und minnt.

Blüht ihm doch ein Garten,
Reift ihm doch ein Feld
Auch in jener harten
Steinerbauten Welt.

Wo sich Gottes Flamme
In ein Herz gesenkt,
Das am alten Stamme
Treu und liebend hängt;

Wo sich Männer finden,
Die für Ehr' und Recht
Mutig sich verbinden,
Weilt ein frei Geschlecht.

Hinter dunkeln Wällen
Hinter eh'rnem Tor
Kann das Herz noch schwellen
Zu dem Licht empor,

Für die Kirchenhallen,
Für der Väter Gruft,
Für die Liebsten fallen,
Wenn die Freiheit ruft.

Das ist rechtes Glühen
Frisch und rosenrot:
Heldenwangen blühen
Schöner auf im Tod.

Wollest auf uns lenken
Gottes Lieb und Lust.
Wollest gern dich senken
In die deutsche Brust.

Freiheit, holdes Wesen,
Gläubig, kühn und zart,
Hast ja lang erlesen
Dir die deutsche Art.

Wanderlied

Wohlauf! noch getrunken
Den funkelnden Wein!
Ade nun ihr Lieben!
Geschieden muß sein.
Ade nun ihr Berge,
Du väterlich Haus!
Es treibt in die Ferne
Mich mächtig hinaus.

Die Sonne, sie bleibet
Am Himmel nicht stehn,
Es treibt sie, durch Länder
Und Meere zu gehn.
Die Woge nicht haftet
Am einsamen Strand,
Die Stürme, sie brausen
Mit Macht durch das Land.

Mit eilenden Wolken
Der Vogel dort zieht,
Und singt in der Ferne
Ein heimatlich Lied.
So treibt es den Burschen
Durch Wälder und Feld,
Zu gleichen der Mutter,
Der wandernden Welt.

Da grüßen ihn Vögel
Bekannt überm Meer,
Sie flogen von Fluren
Der Heimat hieher,
Da duften die Blumen
Vertraulich um ihn,
Sie trieben vom Lande
Die Lüfte dahin.

Die Vögel, die kennen
Sein väterlich Haus,
Die Blumen einst pflanzt' er
Der Liebe zum Strauß.
Und Liebe, die folgt ihm,
Sie geht ihm zur Hand;
So wird ihm zur Heimat
Das ferneste Land.

Der Wanderer in der Sägmühle

Dort unten in der Mühle
Saß ich in süßer Ruh
Und sah dem Räderspiele,
Und sah den Wassern zu.

Sah zu der blanken Säge,
Es war mir wie ein Traum,
Die bahnte lange Wege
In einen Tannenbaum.

Die Tanne war wie lebend,
In Trauermelodie
Durch alle Fasern bebend,
Sang *diese* Worte sie:

»Du trittst zur rechten Stunde,
O Wanderer! hier ein,
Du bist's, für den die Wunde
Mir dringt ins Herz hinein.

Du bist's, für den wird werden,
Wenn kurz gewandert du,
Dies Holz, im Schoß der Erden,
Ein Schrein zur langen Ruh.«

Vier Bretter sah ich fallen,
Mir ward's ums Herze schwer,
Ein Wörtlein wollt' ich lallen,
Da ging das Rad nicht mehr.

Schäfers Sonntagslied

Das ist der Tag des Herrn!
Ich bin allein auf weiter Flur,
Noch eine Morgenglocke nur;
Nun Stille nah und fern!

Anbetend knie ich hier.
O süßes Graun! geheimes Wehn!
Als knieten viele ungesehn
Und beteten mit mir.

Der Himmel nah und fern
Umgibt mich klar und feierlich,
So ganz als wollt' er öffnen sich.
Das ist der Tag des Herrn.

Fräuleinswache

Ich geh all Nacht die Runde
Um Vaters Hof und Hall',
Es schlafen zu dieser Stunde,
Die trägen Wächter all.
Ich Fräulein zart muß streifen,
Ohn' Wehr und Waffen schweifen,
Den Feind der Nacht zu greifen.

O weh des schlimmen Gesellen!
Nach Argem steht sein Sinn;
Würd' ich nicht kühn mich stellen,
Wohl stieg' er über die Zinn.
Wann ich denselben finde,
Wie er lauert bei der Linde,
Ich widersag ihm geschwinde.

Da muß ich mit ihm ringen,
Allein die Nacht entlang;
Er will mich stets umschlingen,
Wie eine wilde Schlang'.
Er kommt vom Höllengrunde,
Wie aus ein's Drachen Schlunde,
Gehn Flammen aus seinem Munde.

Und hab ich ihn überwunden,
Halt ihn im Arme dicht:
Doch eh' die Sterne geschwunden,
Entschlüpft mir stets der Wicht.
Ich kann ihn niemand zeigen,
Muß meinen Sieg verschweigen,
Und mich in Trauer neigen.

Des Sängers Fluch

Es stand in alten Zeiten ein Schloß, so hoch und hehr,
Weit glänzt' es über die Lande bis an das blaue Meer,
Und rings von duft'gen Gärten ein blütenreicher Kranz,
Drin sprangen frische Brunnen in Regenbogenglanz.

Dort saß ein stolzer König, an Land und Siegen reich,
Er saß auf seinem Throne so finster und so bleich;
Denn was er sinnt, ist Schrecken, und was er blickt, ist Wut,
Und was er spricht, ist Geißel, und was er schreibt, ist Blut.

Einst zog nach diesem Schlosse ein edles Sängerpaar,
Der ein' in goldnen Locken, der andre grau von Haar;
Der Alte mit der Harfe, der saß auf schmuckem Roß,
Es schritt ihm frisch zur Seite der blühende Genoß.

Der Alte sprach zum Jungen: »Nun sei bereit, mein Sohn!
Denk unsrer tiefsten Lieder, stimm an den vollsten Ton,
Nimm alle Kraft zusammen, die Lust und auch den Schmerz!
Es gilt uns heut, zu rühren des Königs steinern Herz.«

Schon stehn die beiden Sänger im hohen Säulensaal
Und auf dem Throne sitzen der König und sein Gemahl;
Der König, furchtbar prächtig, wie blut'ger Nordlichtschein,
Die Königin, süß und milde, als blickte Vollmond drein.

Da schlug der Greis die Saiten, er schlug sie wundervoll,
Daß reicher, immer reicher der Klang zum Ohre
schwoll,
Dann strömte himmlisch helle des Jünglings Stimme vor,
Des Alten Sang dazwischen, wie dumpfer Geisterchor.

Sie singen von Lenz und Liebe, von sel'ger goldner Zeit,
Von Freiheit, Männerwürde, von Treu und Heiligkeit;
Sie singen von allem Süßen, was Menschenbrust
durchbebt,
Sie singen von allem Hohen, was Menschenherz erhebt.

Die Höflingsschar im Kreise verlernet jeden Spott,
Des Königs trotz'ge Krieger, sie beugen sich vor Gott,
Die Königin, zerflossen in Wehmut und in Lust,
Sie wirft den Sängern nieder die Rose von ihrer Brust.

»Ihr habt mein Volk verführet, verlockt ihr nun mein
Weib?«
Der König schreit es wütend, er bebt am ganzen Leib,
Er wirft sein Schwert, das blitzend des Jünglings Brust
durchdringt,
Draus, statt der goldnen Lieder, ein Blutstrahl hochauf
springt.

Und wie vom Sturm zerstoben ist all der Hörer
Schwarm,
Der Jüngling hat verröchelt in seines Meisters Arm,
Der schlägt um ihn den Mantel und setzt ihn auf das
Roß,
Er bind't ihn aufrecht feste, verläßt mit ihm das Schloß.

Doch vor dem hohen Tore, da hält der Sängergreis,
Da faßt er seine Harfe, sie aller Harfen Preis,
An einer Marmorsäule, da hat er sie zerschellt,
Dann ruft er, daß es schaurig durch Schloß und Gärten gellt:

»Weh euch, ihr stolzen Hallen! nie töne süßer Klang
Durch eure Räume wieder, nie Saite noch Gesang,
Nein! Seufzer nur und Stöhnen, und scheuer Sklavenschritt,
Bis euch zu Schutt und Moder der Rachegeist zertritt!

Weh euch, ihr duft'gen Gärten im holden Maienlicht!
Euch zeig ich dieses Toten entstelltes Angesicht,
Daß ihr darob verdorret, daß jeder Quell versiegt,
Daß ihr in künft'gen Tagen versteint, verödet liegt.

Weh dir, verruchter Mörder! du Fluch des Sängertums!
Umsonst sei all dein Ringen nach Kränzen blut'gen Ruhms,
Dein Name sei vergessen, in ew'ge Nacht getaucht,
Sei, wie ein letztes Röcheln, in leere Luft verhaucht!«

Der Alte hat's gerufen, der Himmel hat's gehört,
Die Mauern liegen nieder, die Hallen sind zerstört,
Noch *eine* hohe Säule zeugt von verschwundner Pracht,
Auch diese, schon geborsten, kann stürzen über Nacht.

Und rings, statt duft'ger Gärten, ein ödes Heideland,
Kein Baum verstreuet Schatten, kein Quell durchdringt den Sand,
Des Königs Name meldet kein Lied, kein Heldenbuch;
Versunken und vergessen! das ist des Sängers Fluch.

Abschied

O Täler weit, o Höhen,
O schöner grüner Wald,
Du meiner Lust und Wehen
Andächt'ger Aufenthalt!
Da draußen, stets betrogen,
Saust die geschäft'ge Welt,
Schlag noch einmal die Bogen
Um mich, du grünes Zelt!

Wenn es beginnt zu tagen,
Die Erde dampft und blinkt,
Die Vögel lustig schlagen,
Daß dir dein Herz erklingt:
Da mag vergehn, verwehen
Das trübe Erdenleid,
Da sollst du auferstehen
In junger Herrlichkeit!

Da steht im Wald geschrieben,
Ein stilles, ernstes Wort
Von rechtem Tun und Lieben,
Und was des Menschen Hort.
Ich habe treu gelesen
Die Worte schlicht und wahr,
Und durch mein ganzes Wesen
Ward's unaussprechlich klar.

Bald werd ich dich verlassen,
Fremd in der Fremde gehn,
Auf buntbewegten Gassen
Des Lebens Schauspiel sehn;
Und mitten in dem Leben
Wird deines Ernsts Gewalt
Mich Einsamen erheben,
So wird mein Herz nicht alt.

Laue Luft kommt blau geflossen,
Frühling, Frühling soll es sein!
Waldwärts Hörnerklang geschossen,
Mut'ger Augen lichter Schein,
Und das Wirren bunt und bunter
Wird ein magisch wilder Fluß,
In die schöne Welt hinunter
Lockt dich dieses Stromes Gruß.

Und ich mag mich nicht bewahren!
Weit von Euch treibt mich der Wind,
Auf dem Strome will ich fahren,
Von dem Glanze selig blind!
Tausend Stimmen lockend schlagen,
Hoch Aurora flammend weht,
Fahre zu! ich mag nicht fragen,
Wo die Fahrt zu Ende geht!

Waldgespräch

Es ist schon spät, es wird schon kalt,
Was reit'st Du einsam durch den Wald?
Der Wald ist lang, Du bist allein,
Du schöne Braut! Ich führ Dich heim!

»Groß ist der Männer Trug und List,
Vor Schmerz mein Herz gebrochen ist,
Wohl irrt das Waldhorn her und hin,
O flieh! Du weißt nicht, wer ich bin.«

So reich geschmückt ist Roß und Weib,
So wunderschön der junge Leib,
Jetzt kenn ich Dich – Gott steh' mir bei!
Du bist die Hexe Loreley.

»Du kennst mich wohl – von hohem Stein,
Schaut still mein Schloß tief in den Rhein.
Es ist schon spät, es wird schon kalt,
Kommst nimmermehr aus diesem Wald!«

Zwielicht

Dämmrung will die Flügel spreiten,
Schaurig rühren sich die Bäume,
Wolken ziehn wie schwere Träume –
Was will dieses Graun bedeuten?

Hast ein Reh du, lieb vor andern,
Laß es nicht alleine grasen,
Jäger ziehn im Wald und blasen,
Stimmen hin und wieder wandern.

Hast du einen Freund hienieden,
Trau ihm nicht zu dieser Stunde,
Freundlich wohl mit Aug und Munde,
Sinnt er Krieg im tück'schen Frieden.

Was heut müde gehet unter,
Hebt sich morgen neugeboren.
Manches bleibt in Nacht verloren –
Hüte dich, bleib wach und munter!

Der frohe Wandersmann

Wem Gott will rechte Gunst erweisen,
Den schickt er in die weite Welt,
Dem will er seine Wunder weisen
In Berg und Wald und Strom und Feld.

Die Trägen, die zu Hause liegen,
Erquicket nicht das Morgenrot,
Sie wissen nur vom Kinderwiegen
Von Sorgen, Last und Not um Brot.

Die Bächlein von den Bergen springen,
Die Lerchen schwirren hoch vor Lust,
Was sollt' ich nicht mit ihnen singen
Aus voller Kehl' und frischer Brust?

Den lieben Gott laß ich nur walten;
Der Bächlein, Lerchen, Wald und Feld
Und Erd' und Himmel will erhalten,
Hat auch mein Sach' aufs Best' bestellt!

Heimweh

Wer in die Fremde will wandern,
Der muß mit der Liebsten gehn,
Es jubeln und lassen die andern
Den Fremden alleine stehn.

Was wisset Ihr, dunkele Wipfeln,
Von der alten schönen Zeit?
Ach, die Heimat hinter den Gipfeln,
Wie liegt sie von hier so weit.

Am liebsten betracht ich die Sterne,
Die schienen, wie ich ging zu ihr,
Die Nachtigall hör ich so gerne,
Sie sang vor der Liebsten Tür.

Der Morgen, das ist meine Freude!
Da steig ich in stiller Stund
Auf den höchsten Berg in die Weite,
Grüß Dich Deutschland aus Herzensgrund!

Sehnsucht

Es schienen so golden die Sterne,
Am Fenster ich einsam stand
Und hörte aus weiter Ferne
Ein Posthorn im stillen Land.
Das Herz mir im Leib entbrennte,
Da hab ich mir heimlich gedacht:
Ach wer da mitreisen könnte
In der prächtigen Sommernacht!

Zwei junge Gesellen gingen
Vorüber am Bergeshang,
Ich hörte im Wandern sie singen
Die stille Gegend entlang:
Von schwindelnden Felsenschlüften,
Wo die Wälder rauschen so sacht,
Von Quellen, die von den Klüften
Sich stürzen in die Waldesnacht.

Sie sangen von Marmorbildern,
Von Gärten, die überm Gestein
In dämmernden Lauben verwildern,
Palästen im Mondenschein,
Wo die Mädchen am Fenster lauschen,
Wann der Lauten Klang erwacht
Und die Brunnen verschlafen rauschen
In der prächtigen Sommernacht. –

Wünschelrute

Schläft ein Lied in allen Dingen,
Die da träumen fort und fort,
Und die Welt hebt an zu singen,
Triffst du nur das Zauberwort.

Mondnacht

Es war, als hätt' der Himmel
Die Erde still geküßt,
Daß sie im Blüten-Schimmer
Von ihm nun träumen müßt'.

Die Luft ging durch die Felder,
Die Ähren wogten sacht,
Es rauschten leis die Wälder,
So sternklar war die Nacht.

Und meine Seele spannte
Weit ihre Flügel aus,
Flog durch die stillen Lande,
Als flöge sie nach Haus.

Der alte Garten

Kaiserkron' und Päonien rot,
Die müssen verzaubert sein,
Denn Vater und Mutter sind lange tot,
Was blühn sie hier so allein?

Der Springbrunnen plaudert noch immerfort
Von der alten schönen Zeit,
Eine Frau sitzt eingeschlafen dort,
Ihre Locken bedecken ihr Kleid.

Sie hat eine Laute in der Hand,
Als ob sie im Schlafe spricht,
Mir ist, als hätt' ich sie sonst gekannt –
Still, geh vorbei und weck sie nicht!

Und wenn es dunkelt das Tal entlang,
Streift sie die Saiten sacht,
Da gibt's einen wunderbaren Klang
Durch den Garten die ganze Nacht.

Der Reiter und der Bodensee

Mündlich

Der Reiter reitet durchs helle Tal,
Auf Schneefeld schimmert der Sonne Strahl.

Er trabet im Schweiß durch den kalten Schnee,
Er will noch heut an den Bodensee;

Noch heut mit dem Pferd in den sichern Kahn,
Will drüben landen vor Nacht noch an.

Auf schlimmem Weg, über Dorn und Stein,
Er braust auf rüstigem Roß feldein.

Aus den Bergen heraus, ins ebene Land,
Da sieht er den Schnee sich dehnen, wie Sand.

Weit hinter ihm schwinden Dorf und Stadt,
Der Weg wird eben, die Bahn wird glatt.

In weiter Fläche kein Bühl, kein Haus,
Die Bäume gingen, die Felsen aus;

So flieget er hin eine Meil', und zwei,
Er hört in den Lüften der Schneegans Schrei;

Es flattert das Wasserhuhn empor,
Nicht anderen Laut vernimmt sein Ohr;

Keinen Wandersmann sein Auge schaut,
Der ihm den rechten Pfad vertraut.

Fort geht's, wie auf Samt, auf dem weichen Schnee,
Wann rauscht das Wasser, wann glänzt der See?

Da bricht der Abend, der frühe, herein:
Von Lichtern blinket ein ferner Schein.

Es hebt aus dem Nebel sich Baum an Baum,
Und Hügel schließen den weiten Raum.

Er spürt auf dem Boden Stein und Dorn,
Dem Rosse gibt er den scharfen Sporn.

Und Hunde bellen empor am Pferd,
Und es winkt im Dorf ihm der warme Herd.

»Willkommen am Fenster, Mägdelein,
An den See, an den See, wie weit mag's sein?«

Die Maid sie staunet den Reiter an:
»Der See liegt hinter dir und der Kahn.

Und deckt' ihn die Rinde von Eis nicht zu,
Ich spräch', aus dem Nachen stiegest du.«

Der Fremde schaudert, er atmet schwer:
»Dort hinten die Ebne, die ritt ich her!«

Da recket die Magd die Arm' in die Höh:
»Herr Gott! so rittest du über den See:

An den Schlund, an die Tiefe bodenlos,
Hat gepocht des rasenden Hufes Stoß!

Und unter dir zürnten die Wasser nicht?
Nicht krachte hinunter die Rinde dicht?

Und du wardst nicht die Speise der stummen Brut?
Der hungrigen Hecht' in der kalten Flut?«

Sie rufet das Dorf herbei zu der Mär,
Es stellen die Knaben sich um ihn her;

Die Mütter, die Greise, sie sammeln sich:
»Glückseliger Mann, ja, segne du dich!

Herein zum Ofen, zum dampfenden Tisch,
Brich mit uns das Brot und iß vom Fisch!«

Der Reiter erstarret auf seinem Pferd,
Er hat nur das erste Wort gehört.

Es stocket sein Herz, es sträubt sich sein Haar,
Dicht hinter ihm grinst noch die grause Gefahr.

Es siehet sein Blick nur den gräßlichen Schlund,
Sein Geist versinkt in den schwarzen Grund.

Im Ohr ihm donnert's, wie krachend Eis,
Wie die Well' umrieselt ihn kalter Schweiß.

Da seufzt er, da sinkt er vom Roß herab,
Da ward ihm am Ufer ein trocken Grab.

Wanderschaft

Das Wandern ist des Müllers Lust,
Das Wandern!
Das muß ein schlechter Müller sein,
Dem niemals fiel das Wandern ein,
Das Wandern.

Vom Wasser haben wir's gelernt,
Vom Wasser!
Das hat nicht Rast bei Tag und Nacht,
Ist stets auf Wanderschaft bedacht,
Das Wasser.

Das sehn wir auch den Rädern ab,
Den Rädern!
Die gar nicht gerne stille stehn,
Die sich mein Tag nicht müde drehn,
Die Räder.

Die Steine selbst, so schwer sie sind,
Die Steine!
Sie tanzen mit den muntern Reihn
Und wollen gar noch schneller sein,
Die Steine.

O Wandern, Wandern, meine Lust,
O Wandern!
Herr Meister und Frau Meisterin,
Laßt mich in Frieden weiter ziehn
Und wandern.

Ungeduld

Ich schnitt' es gern in alle Rinden ein,
Ich grüb' es gern in jeden Kieselstein,
Ich möcht es sä'n auf jedes frische Beet
Mit Kressensamen, der es schnell verrät,
Auf jeden weißen Zettel möcht ich's schreiben:
Dein ist mein Herz, und soll es ewig bleiben.

Ich möcht mir ziehen einen jungen Star,
Bis daß er spräch' die Worte rein und klar,
Bis er sie spräch' mit meines Mundes Klang,
Mit meines Herzens vollem, heißen Drang;
Dann säng' er hell durch ihre Fensterscheiben:
Dein ist mein Herz, und soll es ewig bleiben.

Den Morgenwinden möcht ich's hauchen ein,
Ich möcht es säuseln durch den regen Hain;
O, leuchtet' es aus jedem Blumenstern!
Trüg' es der Duft zu ihr von nah und fern!
Ihr Wogen, könnt ihr nichts als Räder treiben?
Dein ist mein Herz, und soll es ewig bleiben.

Ich meint', es müßt' in meinen Augen stehn,
Auf meinen Wangen müßt' man's brennen sehn,
Zu lesen wär's auf meinem stummen Mund,
Ein jeder Atemzug gäb's laut ihr kund;
Und sie merkt nichts von all dem bangen Treiben:
Dein ist mein Herz, und soll es ewig bleiben!

Der Lindenbaum

Am Brunnen vor dem Tore
Da steht ein Lindenbaum:
Ich träumt' in seinem Schatten
So manchen süßen Traum.

Ich schnitt in seine Rinde
So manches liebe Wort;
Es zog in Freud und Leide
Zu ihm mich immer fort.

Ich mußt' auch heute wandern
Vorbei in tiefer Nacht,
Da hab ich noch im Dunkel
Die Augen zugemacht.

Und seine Zweige rauschten,
Als riefen sie mir zu:
Komm her zu mir, Geselle,
Hier findst du deine Ruh!

Die kalten Winde bliesen
Mir grad ins Angesicht,
Der Hut flog mir vom Kopfe,
Ich wendete mich nicht.

Nun bin ich manche Stunde
Entfernt von jenem Ort,
Und immer hör ich's rauschen:
Du fändest Ruhe dort!

Belsazar

Die Mitternacht zog näher schon;
In stummer Ruh lag Babylon.

Nur oben, in des Königs Schloß,
Da flackert's, da lärmt des Königs Troß,

Dort oben, in dem Königssaal,
Belsazar hielt sein Königsmahl.

Die Knechte saßen in schimmernden Reihn,
Und leerten die Becher mit funkelndem Wein.

Es klirrten die Becher, es jauchzten die Knecht';
So klang es dem störrigen Könige recht.

Des Königs Wangen leuchten Glut;
Im Wein erwuchs ihm kecker Mut.

Und blindlings reißt der Mut ihn fort;
Und er lästert die Gottheit mit sündigem Wort.

Und er brüstet sich frech, und lästert wild;
Die Knechtenschar ihm Beifall brüllt.

Der König rief mit stolzem Blick;
Der Diener eilt und kehrt zurück.

Er trug viel gülden Gerät auf dem Haupt;
Das war aus dem Tempel Jehovahs geraubt.

Und der König ergriff mit frevler Hand
Einen heiligen Becher, gefüllt bis am Rand.

Und er leert ihn hastig bis auf den Grund,
Und rufet laut mit schäumendem Mund:

Jehovah! dir künd ich auf ewig Hohn, –
Ich bin der König von Babylon!

Doch kaum das grause Wort verklang,
Dem König ward's heimlich im Busen bang.

Das gellende Lachen verstummte zumal;
Es wurde leichenstill im Saal.

Und sieh! und sieh! an weißer Wand
Da kam's hervor wie Menschenhand;

Und schrieb, und schrieb an weißer Wand
Buchstaben von Feuer, und schrieb und schwand.

Der König stieren Blicks da saß,
Mit schlotternden Knien und totenblaß.

Die Knechtenschar saß kalt durchgraut,
Und saß gar still, gab keinen Laut.

Die Magier kamen, doch keiner verstand
Zu deuten die Flammenschrift an der Wand.

Belsazar ward aber in selbiger Nacht
Von seinen Knechten umgebracht.

Ein Jüngling liebt ein Mädchen,
Die hat einen andern erwählt;
Der andre liebt eine andre,
Und hat sich mit dieser vermählt.

Das Mädchen heuratet aus Ärger
Den ersten besten Mann,
Der ihr in den Weg gelaufen;
Der Jüngling ist übel dran.

Es ist eine alte Geschichte,
Doch bleibt sie immer neu;
Und wem sie just passieret,
Dem bricht das Herz entzwei.

Vergiftet sind meine Lieder;
Wie könnt' es anders sein?
Du hast mir ja Gift gegossen
Ins blühende Leben hinein.

Vergiftet sind meine Lieder;
Wie könnt' es anders sein?
Ich trage im Herzen viel Schlangen,
Und dich, Geliebte mein.

Ich weiß nicht, was soll es bedeuten,
Daß ich so traurig bin;
Ein Märchen aus alten Zeiten,
Das kommt mir nicht aus dem Sinn.

Die Luft ist kühl und es dunkelt,
Und ruhig fließt der Rhein;
Der Gipfel des Berges funkelt
Im Abendsonnenschein.

Die schönste Jungfrau sitzet
Dort oben wunderbar
Ihr goldnes Geschmeide blitzet,
Sie kämmt ihr goldnes Haar.

Sie kämmt es mit goldnem Kamme,
Und singt ein Lied dabei;
Das hat eine wundersame,
Gewaltige Melodei.

Den Schiffer im kleinen Schiffe
Ergreift es mit wildem Weh;
Er schaut nicht die Felsenriffe,
Er schaut nur hinauf in die Höh.

Ich glaube, die Wellen verschlingen
Am Ende Schiffer und Kahn;
Und das hat mit ihrem Singen
Die Lore-Ley getan.

Mein Herz, mein Herz ist traurig,
Doch lustig leuchtet der Mai;
Ich stehe, gelehnt an der Linde,
Hoch auf der alten Bastei.

Da drunten fließt der blaue
Stadtgraben in stiller Ruh;
Ein Knabe fährt im Kahne,
Und angelt und pfeift dazu.

Jenseits erheben sich freundlich,
In winziger, bunter Gestalt,
Lusthäuser, und Gärten, und Menschen,
Und Ochsen, und Wiesen, und Wald.

Die Mägde bleichen Wäsche,
Und springen im Gras herum;
Das Mühlrad stäubt Diamanten,
Ich höre sein fernes Gesumm.

Am alten grauen Turme
Ein Schilderhäuschen steht;
Ein rotgeröckter Bursche
Dort auf und nieder geht.

Er spielt mit seiner Flinte,
Die funkelt im Sonnenrot,
Er präsentiert und schultert –
Ich wollt', er schösse mich tot.

Du bist wie eine Blume,
So hold und schön und rein;
Ich schau dich an, und Wehmut
Schleicht mir ins Herz hinein.

Mir ist, als ob ich die Hände
Aufs Haupt dir legen sollt',
Betend, daß Gott dich erhalte
So rein und schön und hold.

Wer zum erstenmale liebt,
Sei's auch glücklos, ist ein Gott;
Aber wer zum zweitenmale
Glücklos liebt, der ist ein Narr.

Ich, ein solcher Narr, ich liebe
Wieder ohne Gegenliebe!
Sonne, Mond und Sterne lachen,
Und ich lache mit – und sterbe.

Der Tod das ist die kühle Nacht,
Das Leben ist der schwüle Tag.
Es dunkelt schon, mich schläfert,
Der Tag hat mich müd gemacht.

Über mein Bett erhebt sich ein Baum,
Drin singt die junge Nachtigall;
Sie singt von lauter Liebe,
Ich hör es sogar im Traum.

Wort- und Sacherklärungen

5 *Hölderlin:* Hölderlin nimmt – wie Jean Paul oder Kleist oder Hebel – eine literaturgeschichtliche Sonderstellung ein und wird selten Epochen zugeordnet. Gleichwohl soll er hier, nicht seinem Gesamtwerk angemessen, aber in zwei repräsentativen Gedichten, vertreten sein, und zwar mit Texten und Fassungen, die die Romantiker kannten.

Die Nacht: Es handelt sich hier von Hölderlins großer Elegie »Brot und Wein« um die 1. Strophe, die im *Musenalmanach für das Jahr 1807*, herausgegeben von Leo Freiherr von Seckendorf, von dem auch die Überschrift stammt, veröffentlicht wurde und die Brentano das »liebste Gedicht« nennt, das er kenne: »es ist das einzige dieses Dichters, das eine magische Gewalt über mich hat; es gibt mir Frieden und spannt einen Himmel über mich aus, unter dem ich liege, wie ein Kind im Schoße der Mutter unter ihrem Herzen, mit keinem Schmerz als dem des Lebens überhaupt. [...] Es ist so einfach, daß es alles sagt: das ganze Leben, der Mensch, seine Sehnsucht nach einer verlorenen Vollkommenheit und die bewußtlose Herrlichkeit der Natur ist darin.«

6 *Des dunkeln Lichtes:* gemeint: roter Bordeauxwein.

7 *Bellarmin:* der Freund, dem Hyperion in Hölderlins Roman *Hyperion* (1797–99) seine Briefe schreibt.

Den geflügelten Krieg: Seeschlacht, die Segel sind die Flügel der Schiffe.

zu Indiern: in die äußerste Ferne.

9 *Hymnen an die Nacht:* Thema ist die Überwindung des Todes in der durch die Liebe erweckten Poesie.

11 *Flut der Trauben ... Mohns:* Wein; das als Medizin verwendete Bittermandelöl; Opium.

15 *Wenn nicht mehr Zahlen und Figuren:* Die Verse fanden sich in den Notizen zur Fortsetzung des Romans *Heinrich von Ofterdingen* und wurden von Ludwig Tieck in den Fortsetzungsbericht zum postumen Erstdruck des Romans 1802 aufgenommen.

16 *Melankolie:* Die Verse entstammen Tiecks Roman *Geschichte des Herrn William Lovell* (1795). Melancholie und »phantastische Schwermut« als Abgrund zwischen Ideal und Wirklichkeit sind charakteristisch für romantische Roman- und Dramengestalten. Tieck selbst spricht von »der tiefen Schwermut« und dem Trüb-

sinn, der ihn oft angefallen habe. Vorbild für die Darstellungen der Melancholie war Dürers Kupferstich »Melencolia I«.

18 *Arion:* Die Sage über den von einem Delphin geretteten Sänger Arion wird in der Antike von Herodot erzählt. In der Romantik wird sie zur Erhebung des Dichters und Sängers neu belebt (so auch bei August Wilhelm Schlegel und bei Novalis im 2. Kapitel des Romans *Heinrich von Ofterdingen*).

21 *Wunder der Liebe:* Das vorangestellte Thema, das in dem Gedicht glossiert wird, entstammt Tiecks Lustspiel *Kaiser Octavianus* (1804).

23 *Mutter geht durch ihre Kammern:* ein Lied der Undine aus dem 11. Kapitel von Fouqués gleichnamiger Erzählung (1811).

24 *Von den Mauern Widerklang:* Bettine von Arnim, die Schwester Clemens Brentanos, hat diesen Gedichtentwurf vervollständigt, ein Beispiel für das gemeinsame Dichten in der Romantiker-Generation.

25 *Zu Bacharach am Rheine:* Brentano hat aus dem Namen des Rheinfelsens (*lay, lei* ›Felsen‹, *luren* ›lauern‹) die Sage von der Lore Lay entwickelt und damit den Beginn einer ganzen Serie von das 19. Jahrhundert durchziehenden Loreley-Gedichten – und deren Wirkung – geschaffen. Dieser »Urtext« des Loreley-Mythos war zunächst ein Lied der Violetta in Brentanos Roman *Godwi oder Das steinerne Bild der Mutter* (1801).

30 *Hör, es klagt die Flöte wieder:* Das Gedicht ist im Singspiel *Die lustigen Musikanten* (1804) ein Duett zwischen dem blinden Piast und seiner Tochter Fabiola.

31 *Über eine Skizze:* Das wie eine Bildbeschreibung angelegte Gedicht ist vermutlich angeregt durch ein Sonett von August Wilhelm Schlegel, das sich eine Darstellung der sterbenden Cleopatra von dem italienischen Maler Guido Reni (1575–1642) als Vorlage genommen hatte.

32 *Die Gottesmauer:* Das Gedicht basiert auf einem Bericht in den *Hamburgischen Adreß-Comtoir-Nachrichten* vom 29. Januar 1816 mit dem Titel »Ein Beispiel merkwürdiger Gebetserhöhrung«. Es spielt in Fontanes *Effi Briest* (im 15., 18. und 19. Kapitel) eine Rolle. Brentano soll nach der enormen Wirkung des Liedes bei einem der gefühlvollen Vorträge einmal den Refrain der letzten Strophe verkehrt haben in »Sang das dumme, alte Weib«.

35 *Wenn der lahme Weber träumt, er webe:* in Brentanos Märchenerzählung *Gockel, Hinkel, Gackeleia* (1838) die »wunderlichen Reime« der unweisen Klaretta.

36 *Was reif in den Zeilen steht:* Im obengenannten Märchen die letzten Worte des Bübleins, in dem sich Brentano selbst gezeichnet hat.

38 *Ach, wie wär's möglich dann:* aus *Eginhard und Emma. Ein Spiel mit Gesang* (1817).

39 *Freiheit:* Schenkendorfs Gedicht ist als einziges von vielen patriotischen Gedichten, die die Stimmung der Freiheitskriege gegen Napoleon widerspiegeln, in diese Anthologie aufgenommen. Der Romantiker-Generation waren die politischen Verhältnisse nicht gleichgültig, der angeschlagene Ton freilich ist oft kaum überlieferungswürdig.

42 *Wanderlied:* nach Kerners eigenem Hinweis auf einer Wanderung 1809 entstanden; schon zu seinen Lebzeiten als Volkslied gesungen.

44 *Der Wanderer in die Sägmühle:* Lieblingsgedicht von Franz Kafka; er empfahl es seiner Freundin Milena wörtlich als »das Gedicht von der Säge«.

47 *Des Sängers Fluch:* Uhlands Quelle ist Johann Gottfried Herders Nachdichtung einer schottischen Romanze »Der eifersüchtige König« in Herders *Stimmen der Völker in Liedern* (1807). Uhland plante zunächst ein Drama aus diesem Stoff.

50 *Abschied:* vermutlich 1810, vor der Abreise der Brüder Eichendorff zum Studium nach Wien, entstanden. Das väterliche Schloß Lubowitz war schon damals verschuldet. Das Gedicht wurde später in den 1815 erschienenen Roman *Ahnung und Gegenwart* (1. Buch, 10. Kapitel) eingefügt.

52 *Laue Luft kommt blau geflossen:* aus *Ahnung und Gegenwart* (2. Buch, 12. Kapitel). In der ersten Gesamtausgabe der *Gedichte* (1837) dann unter der Überschrift »Frische Fahrt«.

53 *Waldgespräch:* Eichendorffs Gedicht zum Thema Loreley (1815) ist im Roman *Ahnung und Gegenwart* (2. Buch, 15. Kapitel) als »Lied über ein am Rheine bekanntes Märchen« bezeichnet und dort als Wechselgesang angelegt.

54 *Zwielicht:* aus *Ahnung und Gegenwart* (2. Buch, 17. Kapitel), die Überschrift erst in *Gedichte*.

55 *Der frohe Wandersmann:* Das Gedicht entstammt der Novelle *Aus dem Leben eines Taugenichts* (1826), der Titel erst aus *Ge-*

dichte. Die Zeile »Den lieben Gott laß ich nur walten« klingt an das Kirchenlied »Wer nur den lieben Gott läßt walten« von Georg Neumark an.

56 *Heimweh:* aus dem 6. Kapitel des *Taugenichts*, Titel aus *Gedichte*.

57 *Sehnsucht:* Lied der Fiametta, die sich nach ihrer Heimat Italien sehnt, in dem 1834 erschienenen Roman *Dichter und ihre Gesellen* (3. Buch, 24. Kapitel), Überschrift aus *Gedichte*. Vorbild sind Goethes Gedichte »Kennst du das Land, wo die Zitronen blühn« und »Nur wer die Sehnsucht kennt« aus *Wilhelm Meisters Lehrjahre* (1795–96).

58 *Wünschelrute:* 1835 entstanden, »eine romantische Ästhetik in nuce« (Peter Horst Neumann).

59 *Der alte Garten:* aus der Novelle *Die Entführung* (1839), Titel zuerst in *Werke* (1841).

60 *Bühl:* Hügel.

63 *Wilhelm Müller:* Die folgenden drei Gedichte sind den Zyklen *Die schöne Müllerin* und *Die Winterreise*, beide fiktiv »aus den hinterlassenen Papieren eines reisenden Waldhornisten« (1824), entnommen. Die Gedichte verdanken ihre Berühmtheit der Volksliedmanier und der Vertonung beider Liederzyklen durch Franz Schubert, die Müller selbst nie gehört hat.

66 *Belsazar:* Mitregent des letzten Herrschers des neubabylonischen Reiches, Nabunaid (556–539 v. Chr.). Für das Gedicht kommt als Quelle der biblische Bericht (Buch Daniel, 5. Kapitel) und eine jüdische, an den beiden Osterabenden gesungene Hymne (»Um Mitternacht«) in Betracht.

68 *Ein Jüngling liebt ein Mädchen:* Das Gedicht bezieht sich auf die unglückliche Liebe Heines zu seiner Base Amalie Heine. Der Erstdruck ist durch zweimaliges »Mägdlein« statt »Mädchen« dem romantischen Ton noch stärker angenähert als die Fassung im *Buch der Lieder* (1827).

69 *Ich weiß nicht, was soll es bedeuten:* Quelle für Heines 1823/24 entstandenes Gedicht war nicht Brentanos »Urtext« (1802), sondern das *Handbuch für Reisende am Rhein …* (2. Aufl. 1818), in das wie in andere lokale Sagensammlungen Brentanos Mythen-Schöpfung inzwischen eingegangen war. Vermutlich kannte Heine aber auch Eichendorffs »Waldgespräch« (1815) und eine Version des Romantikers Otto Heinrich von Loeben (1821). Die weltweite Popularität dieser Verse gründet nicht zuletzt auf der Melodie von Friedrich Silcher (1837).

Verzeichnis der Autoren und Gedichte

Nachbemerkung

Die literarische Romantik in Deutschland (etwa 1795 bis 1830) ist eine durchaus lyrische Epoche. Das romantische Drama kennen heute nur Spezialisten, der romantische Roman und die Erzählungen sind durchsetzt mit Liedern und Gedichten. Wenn denn Lyrik auch nicht denkbar ist ohne Subjektivität und das »lyrische Ich«, so mag für die Nähe von Epoche und literarischer Gattung Hegel als Zeuge dienen: »Der wahre Inhalt des Romantischen ist die absolute Innerlichkeit, die entsprechende Form die geistige Subjektivität, als Erfassen ihrer Selbständigkeit und Freiheit« (*Vorlesungen über die Ästhetik*).

Dabei ist die Spannweite des lyrischen Sprechens in dieser Epoche groß: von esoterischer Geistigkeit bis zur populären, volksliedhaften Emotionalität – nicht auch ohne distanzierende Ironie. Romantische Gedichte haben Themen wie die Nacht, das Wunderbare, Wanderschaft, Sehnsucht und Traum neu erschlossen, sie haben Bildformeln von der Waldeinsamkeit, dem Mondenschein, von Heimat und Ferne, von dem umherziehenden Sänger oder der Loreley und eben auch Vorstellungen vom Eingehen des Individuums in die Natur oder das Universum begründet und verbreitet. Und das nachhaltig!

Denn die Wirkung in Deutschland und die Nachwirkung über die Zeiten sind nicht gering. Gewisse Gedichtzeilen sind populär geworden bis zur Trivialisierung. Großen Anteil daran haben die unzähligen, zum Teil auch genialen Vertonungen romantischer Gedichte und die Vermittlung durch Männergesangvereine oder Konzertsolisten.

Die kleine Auswahl von 50 Gedichten aus der Romantik ist wie üblich in dieser Titelgruppe von Reclams Universal-Bibliothek getroffen, um Erwartungen auf Bekanntes zu erfüllen und darüber hinaus Anregungen zu geben. Sie stützt sich vor allem auf die von Wolfgang Frühwald herausgegebene, viel umfangreichere Edition *Gedichte der Romantik* (UB 8230), zuerst erschienen 1984, und folgt dieser durchweg in der Chronologie (nach den Geburtsjahren der Dichter), in der Textgestalt (bevorzugt Fassung der Erstdrucke) und mit den Erläuterungen. Für Autorenbiographien, Datierungen, Entstehungszusammenhänge und Deutungen, besonders auch für Themen und Leitworte ist der Anhang, für eine Einbettung der romantischen Lyrik in die Geschichte die Einleitung eben dieser Edition heranzuziehen. Außerdem liegen von den »großen« Autoren der Romantik durchweg eigene, kommentierte und weiterführende Editionen in Reclams Universal-Bibliothek vor.

Verzeichnis der Gedichtüberschriften und –anfänge

Anthologien

Auswahl

Berlin, mit deinen frechen Feuern. 100 Berlin-Gedichte. 144 S. UB 9640

Die Berliner Moderne. 1885–1914. 722 S. UB 8359 – auch geb.

Blumen auf den Weg gestreut. Gedichte. 308 S. Geb.

Deutsche Anekdoten. 400 S. UB 9825

Deutsche Aphorismen. 395 S. UB 9889 – auch geb.

Deutsche Balladen. 647 S. UB 8501 – auch geb.

Deutsche Gedichte. 368 S. UB 8012 – auch geb.

Deutsche Liebeslyrik. 429 S. UB 7759 – auch geb.

Deutsche Lyrik-Parodien aus drei Jahrhunderten. 335 S. UB 7975

Deutsche Parabeln. 308 S. UB 7761

Die deutschen Sprichwörter. 631 S. UB 8453 – auch geb.

Deutsche Unsinnspoesie. 447 S. 117 Abb. UB 9890

Erzählte Zeit. 50 deutsche Kurzgeschichten der Gegenwart. 517 S. UB 9996

Fünfzig Liebesgedichte. 101 S. UB 18008

Gedanken für alle Tage. 136 S. UB 18009

Gedichte der Romantik. 532 S. UB 8230

Gedichte des Expressionismus. 261 S. UB 8726

Großstadtlyrik. 413 S. UB 9639

Jahrhundertchronik. Deutsche Erzählungen des 20. Jahrhunderts. 635 S. Geb.

Jahrhundertgedächtnis. Deutsche Lyrik im 20. Jahrhundert. 469 S. UB 9742 – auch geb.

Lyrik der neunziger Jahre. 218 S. UB 18048

Lyrik des Exils. 511 S. UB 8089

Lyrik für Leser. Deutsche Gedichte der siebziger Jahre. 159 S. UB 9976

Mystische Texte des Mittelalters. 405 S. UB 8456

Prager deutsche Erzählungen. 498 S. UB 8771

Ring frei! Ein Lesebuch vom Boxen. 240 S. UB 9642

Weisheit für alle Tage. 151 S. UB 9666

Deutsche Kunstmärchen von Wieland bis Hofmannsthal. 678 S. UB 8440

Philipp Reclam jun. Stuttgart